AF253490

1870 — 1871

PARIS. — IMP. SIMON RAÇON ET COMP., RUE D'ERFURTH, 1.

1870 — 1871

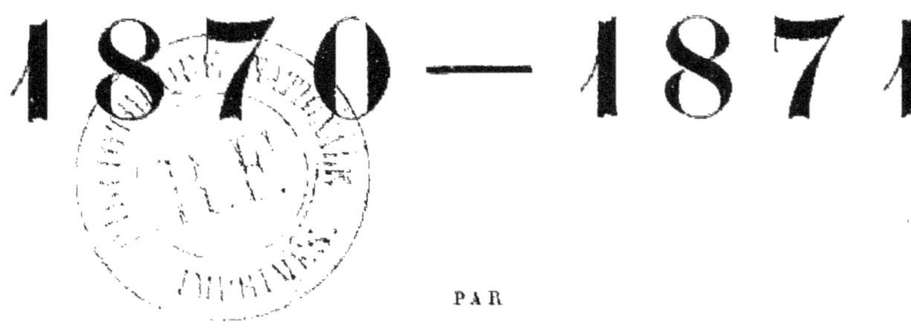

PAR

LE Cte F. DE CHAMPAGNY

DE L'ACADÉMIE FRANÇAISE

Extrait du Correspondant

PARIS

CHARLES DOUNIOL, LIBRAIRE-ÉDITEUR

29, RUE DE TOURNON, 29

1871

1870 — 1871

AU DIRECTEUR DU *CORRESPONDANT*

Monsieur,

Vous me demandez quelques pages pour *le Correspondant*, enfin relevé de son long et douloureux silence. Je vous envoie non une pensée, mais deux fragments de pensée, écrits à des heures et sous des impressions diverses. A une autre époque, je n'eusse pas pris avec vos lecteurs cette liberté; au moment actuel, je l'espère, on me le pardonnera.

Les premières pages qu'on va lire ont été écrites en face des désastres de la guerre. Je terminais alors un petit essai d'apologétique chrétienne qui verra le jour quand Dieu le permettra, et je ne pus m'empêcher de voir dans les causes et les événements de cette guerre une triste confirmation des vérités que je voulais faire comprendre à mon siècle.

Mais, hélas! après la guerre est venue la révolution; après 1870, 1871; après cette triste et trop complète confirmation de l'apologétique chrétienne, une confirmation plus complète et plus poignante encore. Sous cette nouvelle impression, j'ai écrit quelques pages que j'ajoute à la suite, en face d'événements différents, concluant de la même manière et à meilleur droit encore.

Qu'on me pardonne le désordre de cette double composition, les redites — je ne dirai pas le désaccord, car ma pensée n'est que trop une. — Si je reprenais ce travail pour lui donner plus d'ensemble, une nouvelle révolution surviendrait peut-être avant que je n'eusse terminé.

Hâtons-nous de dire chacun notre mot et de répéter, chacun de son mieux, le cri du bon sens et de la foi. Quand une maison brûle, tous les habitants crient : « Au feu! » sans qu'on se reproche de faire ainsi écho aux autres et à soi-même.

Agréez mes affectueux souvenirs.

F. DE CHAMPAGNY.

18 juin 1871.

1870

Ces feuilles écrites au milieu de la tempête, quel vent les emportera? Tomberont-elles entre des mains amies et sous des yeux qui veuillent bien les lire? Je ne sais ; ni pour les grandes ni pour les petites choses, qui peut aujourd'hui parler de demain?

Mais combien tout ce qui se passe à cette heure donne aux vérités que ces pages cherchent à établir une éclatante et douloureuse confirmation! Les événements sont venus prêter à la cause que je soutenais un appui que certes je n'eusse pas demandé, que je déplore, mais dont il est impossible de ne pas dire un mot.

Il y a peu de mois encore, le langage du siècle était triomphant : « Le progrès est immense, magnifique, divin, disait-on autour de nous. Voyez comme nous sommes habiles, comme nous sommes riches, comme nous sommes heureux, comme nous sommes grands! Les périls diminuent et les jouissances s'accroissent. — La liberté! est-ce que nous ne l'avons pas conquise? est-ce qu'aujourd'hui les peuples ne sont pas seuls arbitres de leurs destinées, maîtres de leurs maîtres, souverains de leurs souverains, ne se laissant commander que ce qu'ils veulent bien et parce qu'ils le veulent bien ? — La paix ! est-ce que, disposant, comme nous le faisons, de notre vie nationale, et seuls juges de nos actions, nous ne la maintiendrons pas autant qu'il nous conviendra de la maintenir, et nous risquerons-nous encore dans ces caprices de guerre, où l'ambition, la jalousie, la gloriole des rois jetait autrefois les nations? — L'humanité! est-ce qu'elle n'est pas plus grande et plus sainte tous les jours? Est-ce que la personne humaine n'est pas sauvegardée à tel point qu'en faveur même des plus insignes malfaiteurs, des voix pleines de bénignité s'élèvent et demandent qu'à l'avenir on n'assassine plus les assassins? Et ainsi, garantis contre l'oppression, contre la guerre, contre toutes les formes de la violence, qui nous empêche de jouir? Nos pères étaient des enfants, des indigents, des barbares; les engins qui donnent la richesse ne leur étaient pas connus; nous, nous sommes armés contre toutes les hostilités et contre tous les refus de la nature, tout nous appartient; le globe est à nous : l'or, nous nous le donnons en abondance; le plaisir, à satiété; nous gagnons sans peine et nous jouissons sans scrupule.

« Car tout cela, c'est notre œuvre à nous ; nous n'avons à en remercier personne, nous n'avons à en rendre compte à personne, personne ne peut nous arrêter et nous dire : « C'est assez ; » — personne, ni homme, ni Dieu. Nous sommes dispensés, en vertu de notre puissance souveraine, de songer à un Dieu, à une religion, à un christianisme quelconque. Tout cela, choses du passé qui ne sont pour rien dans notre grandeur, et qui n'ont aucun droit sur notre liberté ! Le christianisme ! mais il s'en va ; le monde s'en passe, et le monde, quand il le voudra, l'anéantira. Voyez où en est son chef : captif dans cette cité qu'il appelait sa capitale, pressé de toute part par son ennemi, défendu pour le moment par la main d'un ami équivoque qui lui a fait du mal aussi souvent que du bien, avant peu de jours, cette main se retirera ou elle sera brisée, et que deviendra le christianisme ainsi décapité ? »

Aussi avait-on chaque jour moins de souci du Seigneur et de son Christ. Ceux qui prétendaient réformer l'enseignement et qui, plus impérieusement chaque jour, demandaient la science pour le peuple, la science obligée sous peine d'amende, ceux qui voulaient ainsi faire de l'école une prison, ceux-là excluaient de leur école le prêtre, la religion, le christianisme, Dieu même. Ceux qui s'étaient donné la tâche de renouveler la face des cités et de remplacer les humbles logis où avaient passé nos ancêtres par des demeures, je ne dirai pas plus belles, mais plus somptueuses ; ceux-là donnaient pour centre à la cité reine, non l'Église de Dieu, ni même le palais du prince, ni le lieu des assemblées publiques, mais la scène où dansent les baladins ; c'est là que de tous côtés des voies somptueuses devaient aboutir ; c'est là qu'une route directe et magnifique devait amener le prince, jaloux de ne pas retarder d'une minute son plaisir. Et enfin, honteux souvenir, funeste augure ! dans cette ville qu'on appelait la capitale de la civilisation, qui prétendait renfermer en elle toute lumière, toute science, toute liberté, dans cette ville occupée depuis des années à se parer, à se pomponner pour des fêtes chaque jour plus bruyantes, on voyait, par suite d'une liberté nouvellement conquise, des réunions publiques, des clubs se former ; le peuple, la populace, je ne sais quels hommes se rassembler dont la suprême devise était : Point de Dieu ! Là, on respectait peut-être certaines limites, imposées ou acceptées, en ce qui touche les pouvoirs humains ; mais, en ce qui touche le Maître souverain de toute chose, nulle limite n'était imposée ni acceptée : et l'athéisme était le mot d'ordre, le drapeau, je ne dirai pas de toute cette grande cité, mais de tout ce qui, ce jour-là, parlait ou s'agitait dans la cité et en son nom. Un tel symptôme était inouï dans l'histoire des aberrations humaines. Ni païens, ni sauvages, ni barbares n'étaient allés jusque-là ; et au temps même de la Terreur, lorsque Chaumette voulut proclamer l'athéisme, Robespierre, effrayé et scandalisé, proclamait l'existence de l'Être suprême et l'immortalité de l'âme.

Maintenant, où en sommes-nous ? Le jour qu'on appelait par tant de vœux est arrivé. Les clubs de l'athéisme doivent être contents. Le christianisme n'a plus une seule cité qui soit son domaine ; le vicaire de Jésus-Christ est captif du vicaire de la Révolution.

Oui, mais en même temps la guerre a éclaté. Les premiers bruits de guerre avaient amené l'abandon du Saint-Siège ; l'abandon du Saint-Siège a vu venir après lui les plus effroyables désastres de la guerre. Il a semblé que la France, ayant abdiqué le glorieux devoir de la défense de la papauté, fût pour son châtiment rendue incapable de se défendre elle-même. Qui ne remarquera du reste combien le caractère et les proportions de cette guerre sont autres que celles des guerres d'autrefois ? Ce que nous appelions notre progrès fait ici notre malheur. — L'Europe vantait la perfection de ces ressorts administratifs qui rendent l'action du pouvoir plus sûre, plus absolue, plus infaillible. Grâce à cette puissance administrative, les rois lèvent aujourd'hui des armées plus nombreuses que ne les eurent jamais ni Charlemagne, ni Louis XIV, ni même Napoléon ; il y a plus de soldats, par conséquent plus de désastres, plus de sang, plus de morts. — L'Europe vantait les progrès de sa science et de son industrie, qui avaient facilité toute chose, anéanti les distances, centuplé les forces de l'humanité. Nous venons de voir cette science et cette industrie passée tout entière au service de la mort : le progrès ne profitant plus qu'à l'art de tuer, la vapeur ne servant plus qu'à hâter l'heure des massacres ; la chimie ne travaillant plus que sur des matières homicides ; le mécanicien ne construisant plus que des instruments de meurtre ; en un mot, l'humanité n'usant de sa force centuplée que pour le suicide. Auprès de cette guerre, les guerres de la Révolution étaient clémentes, les guerres du moyen âge n'étaient que des jeux d'enfants.

Que devient maintenant, en face d'une telle puissance de destruction et des désastres qu'elle opère, cette prospérité dont nous étions si glorieux ? Je ne cherche pas à calculer, et de longtemps il ne sera possible de calculer les milliards que nous aurons vus s'anéantir, les années d'indigence que la France et l'Europe auront à traverser, l'épouvantable chiffre de la liquidation qui reste à faire. Ce serait ici le cas d'emprunter le langage des prophètes et de peindre Babylone surprise au milieu de ses fêtes et de ses orgies ; à qui ont été arrachées ses riches parures, qui ne mange plus qu'un pain pétri avec la cendre et rendu amer par ses larmes, qui cherche un asile et n'en trouve pas : ses places qu'on avait voulu faire si grandes sont désertes, ses palais qu'on disait si beaux ont été abandonnés. Voilà ce qu'est devenue en un instant cette civilisation si arrogante, si orgueilleuse de sa richesse, si insolente envers Dieu et qui disait (on se le rappelle) : « Nous sommes tous des dieux. »

Qu'est-il advenu aussi de cette liberté des nations qui, disaient-elles, n'obéissaient plus, mais commandaient? Sévères envers leurs rois, elles voulaient tout connaître, tout contrôler, tout décider; elles les réprimandaient sans pitié pour mille francs de trop assignés au salaire d'un commis, ou pour un coup de canne donné par un agent de police. Mais, lorsque ces rois, par un caprice d'ambition ou de vanité, peut-être pour distraire leur vieillesse ennuyée, peut-être pour se débarasser d'une opposition importune, peut-être pour satisfaire l'esprit remuant de quelque favori, ont jugé à propos d'imposer la guerre à leurs peuples; ces peuples, d'ordinaire si revêches, n'ont pas eu la velléité de résister; d'un côté comme de l'autre du Rhin, ils ont tout donné, leurs écus par milliards, leurs enfants par millions, et ils s'en sont allés, comme des hommes ivres, chantant, les uns je ne sais quelle sotte chanson germanique, les autres cette hideuse *Marseillaise* qui, après avoir mené nos pères à l'échafaud, a mené nos enfants à la défaite; ils s'en sont allés, troupeau docile, à cette guerre qui fera un jour leur désespoir à tous.

Et, pour en finir avec cette pauvre liberté, la guerre qu'elle n'a pas su empêcher lui a presque donné la mort. Au bruit des armes, qui pouvait parler de contrôle, de libre vote, de suffrage universel, d'assemblée ou de conseil élu, de droit électoral, municipal, parlementaire? Non, rien de tout cela. Le roi, soldat ou avocat, dans son camp de Versailles ou dans son cabinet de Bordeaux, décidait tout, votait l'impôt, levait les soldats, changeait les lois, nommait lui-même les soi-disant élus du peuple. Ni de part ni d'autre, on ne sait comprendre la guerre sans la dictature, et la dictature soi-disant républicaine s'est montrée plus absolue encore que la dictature monarchique. Qu'au bout de tout cela, surgisse un jour un état libre, républicain ou monarchique, des assemblées librement et sérieusement élues, des lois enfin respectées; des citoyens maîtres, au moins dans une certaine mesure, de leurs personnes et de leurs biens; des peuples enfin assez en possession d'eux-mêmes (c'est là tout ce que je demande) pour ne pas être jetés dans une guerre épouvantable par la passion ou le caprice du premier roi ou du premier comité de salut public venu; que tout cela apparaisse un jour, je veux bien qu'on l'espère, mais n'en sommes-nous pas bien loin encore?

Que sont devenus aussi ces rêves de philanthropie, généreux sans doute, mais entachés d'ingratitude quand ils méconnaissaient la source d'où ils étaient sortis, le Christianisme? Malgré des guerres bien récentes encore, on voulait croire à l'abolition de la guerre, et on accusait les âges chrétiens, barbares, disait-on, parce que leur progrès n'avait pas été jusqu'à briser la lance et jeter le bouclier au feu. Et la guerre arrive, armée non plus du bouclier et de la lance du moyen âge, ni même de l'artillerie de nos pères, mais d'armes ou, comme dit la mécanique de nos jours, d'engins bien autrement redoutables ; la guerre comptant les hommes qu'elle soulève, non plus par milliers comme les innocentes chevauchées du moyen âge, non plus par dizaines de mille comme les campagnes de Louis XIV, mais par centaines de mille et bientôt par millions[1] ; la guerre enfin s'affranchissant de plus en plus des scrupules de conscience qu'on appelait jadis le droit des nations ; la guerre souillée par cet odieux système de représailles qui se venge de l'homme armé sur l'homme désarmé, de l'homme valide sur la femme, l'enfant et le vieillard, du combattant sur le prisonnier, de la forteresse sur la chaumière ; la guerre enfin, non plus entre les armées, mais entre les peuples. On ne soulève pas 1,200,000 hommes, toute une nation, et on ne provoque pas à la défense toute une nation sans avoir semé par avance et sans entretenir de l'une à l'autre des haines absurdes, mais atroces et ineffaçables. Quand on guerroyait roi contre roi, armée contre armée, la chute d'un roi, la défaite d'une armée, un traité de paix signé par le vaincu pouvait suffire à calmer les défiances ou à satisfaire l'orgueil du vainqueur ; mais aujourd'hui, par la force même des choses, la guerre se fait de nation à nation. C'est une nation qu'on veut affaiblir pour jamais, réduire à l'impuissance, pourquoi ne pas dire anéantir? Rien de semblable ne s'était vu quand les peuples étaient chrétiens. Nos guerres même du quatorzième et du quinzième siècle contre les Anglais avaient bien plutôt le caractère de guerres civiles, tant les deux peuples étaient à cette époque mêlés l'un à l'autre ; et quand les rois d'Angleterre voulurent régner à Paris, ce fut comme héritiers soi-disant légitimes de la couronne française ; c'était une révolution intérieure plutôt qu'une conquête. Jusqu'à présent, et cela depuis que les sentiments chrétiens se sont affaiblis en Europe, une seule fois la guerre s'est faite de parti pris contre une nation. La Pologne a été le premier exemple, nous sommes le second.

Est-ce qu'il faut s'étonner de tout cela?

---

[1] « Dans les temps des anciennes émigrations, on n'a pas vu 500,000 hommes s'avancer de part et d'autre pour s'égorger. La Russie a 600,000 hommes sous les armes, la France ne voudra pas rester en arrière. » *Lettres du comte de Maistre* du 9 (21) août 1812.

Et quel progrès depuis!

Entre un homme et un autre homme, il y a des juges. Entre une
puissance et une puissance, il n'y a qu'un seul juge, c'est Dieu. Mais
ce juge se fait attendre ; ni sur les nations ni sur les hommes, il ne
promulgue immédiatement sa sentence, il ne rendra sa justice complète que hors de ce monde. Si l'on n'a pas foi à ce juge que l'on ne
voit pas, si l'on ne redoute pas par avance ce jugement qui ne reten-
tira peut-être qu'au delà du tombeau, il n'y a plus d'ordre, il n'y a
plus de justice, il n'y a plus de paix possible.

Ainsi, — il y avait jadis une Europe chrétienne, c'est-à-dire une
réunion de peuples qui acceptaient, à des degrés divers peut-être, la
morale du Christianisme et la sanction divine qui en fait la base. — Il
y avait par suite un droit de la guerre, fondé au moyen âge par l'in-
tervention de l'Église et au nom du Dieu des chrétiens, maintenu en
principe jusque dans les temps modernes, quoique les infractions
pussent être nombreuses, mais proclamé, invoqué et utilement invoqué. — Il y avait un droit des nations, fondé sur les traités et sur le
respect dû aux traités ; là encore les infractions n'étaient pas rares ;
mais enfin on comprenait que, de puissance à puissance, les traités
sont la seule loi possible, comme aussi, comprenant que la loi divine
est en définitive la seule sanction possible des traités, on avait in-
troduit l'usage d'inscrire en tête : *Au nom de la Très-Sainte Trinité*.
— Il y avait enfin, dans une certaine mesure, mais toujours sous
la sanction divine, des devoirs reconnus de souverain à sujets et de
sujets à souverain. Il ne semblait pas absolument licite de changer à
son gré la forme d'un État, et l'on admettait qu'il fallait au moins
de graves raisons pour le faire. Les révolutions, ou populaires ou
despotiques, n'étaient pas inconnues, mais, moins louées, plus re-
doutées, elles étaient par suite plus rares.

Tout cela existait, non-seulement au moyen âge, mais jusqu'à un
certain point encore dans les temps modernes. Il en demeurait quelque chose il y a cent ans, il y a cinquante ans même. Ce n'est certes
pas que la foi chrétienne, source première de toutes ces idées, ne se
fût affaiblie ; que l'hérésie n'eût séparé les peuples, que l'incrédulité
n'eût commencé à les corrompre. Mais la morale du christianisme,
ou du moins certaines notions de morale, de droit et de justice, sor-
ties de la source chrétienne, subsistaient encore là même où la foi
ne subsistait plus. L'atmosphère du monde, en partie du moins, était
chrétienne encore ; elle s'embaumait du parfum de cet arbre dont la
racine avait été coupée.

Mais l'arbre ne vit pas longtemps lorsque sa racine a souffert. Le
déclin de la foi devait à la fin entraîner avec lui le déclin des idées
morales ; la loi ne pouvait être respectée longtemps depuis que le
juge était méconnu. Où est aujourd'hui l'Europe chrétienne, ou,

comme on disait, la chrétienté? Ce mot n'est plus de la langue. On dit l'Europe civilisée, mot vague et qui n'engage à rien ; les Turcs, eux aussi, font partie de cette Europe civilisée sans avoir renoncé ni à la polygamie, ni à l'esclavage, ni à la torture. Aussi le droit de la guerre est-il plus douteux que jamais. S'il y en a encore un, il n'y en aura bientôt plus.

Le droit des traités, la loi des traités existe-t-elle davantage? Voyez ce qui se passe en Europe depuis une vingtaine d'années. Les traités faits avec l'Église ont été les premiers violés ; on a déclaré qu'un concordat n'est autre chose qu'une loi de l'État que l'État peut changer quand il le veut ; en d'autres termes qu'au rebours de tous les autres contrats, les conventions de ce genre, inviolables pour l'une des parties, peuvent être brisées par l'autre quand il lui plaît ; les rois ont ainsi mis l'Église hors du droit des gens. Mais, par suite, ils s'y sont mis eux-mêmes. Quand les plus sacrés de tous les traités étaient ainsi méprisés, comment les autres auraient-ils été respectés? On a même écrit ou fait écrire dans une occasion solennelle que les traités ne lient pas quand le sentiment général réclame contre eux[1], en d'autres termes quand ils nous déplaisent. A cette époque, en 1859, nous disputions à l'Autriche une possession que tous les traités lui avaient assurée, et les neutres signataires de ces traités n'ont pas réclamé. Vainqueurs de l'Autriche, nous avons à notre tour traité avec elle ; et ce traité à peine signé a été violé ; et pas plus nous que tout le reste de l'Europe signataire de ce traité, n'avons réclamé. Plus tard les dissentiments entre l'Allemagne et le Danemark ont abouti à un traité que le reste de l'Europe a garanti ; mais bientôt l'Allemagne a brisé ce traité par la force des armes, et l'Europe n'a pas dit un mot. Puis la discorde a éclaté, on pouvait s'y attendre, entre les deux puissances victorieuses du Danemark ; l'une d'elles a brisé les armes à la main l'ordre que les traités avaient établi en Allemagne ; et toute l'Europe signataire de ces traités a laissé faire, et nous-mêmes insensés nous avons laissé faire. J'omets ici la Convention de septembre anéantie au préjudice du pape (il ne s'agissait là que du pape!), et le traité de 1856 depuis longtemps enfreint au profit d'une émeute valaque. Dans toutes ces occasions, l'indifférence des tiers est venue en aide à la cupidité des agresseurs, et le sens moral a tellement manqué dans les cabinets, qu'on assiste et qu'on applaudit à des actes de brigandage par amour de l'art et sans penser même que le brigand, devenu plus fort, tombera demain sur nous. Trouvez-vous dans l'histoire européenne douze années aussi abondantes en serments et en parjures? Une société, où, dans

---

[1] *Napoléon III et l'Italie*, 1859.

les affaires privées, le manque de parole serait aussi fréquent et aussi impuni, comment l'appellerions-nous?

Tout ceci, c'est le droit de la force. Et devant qui en effet veut on que le *fort armé* s'arrête aujourd'hui? Devant une Église à laquelle il a cessé de croire? Devant un Dieu qu'il renie s'il est incrédule, ou dont il interprète la loi à son gré s'il est hérétique? Devant l'opinion? L'opinion, cette courtisane de tous les succès, qui a donné toujours aux plus enragés destructeurs ses plus ardentes adorations! l'opinion, qui est une dans un pays, autre dans un autre, et qu'aujourd'hui plus que jamais le despotisme a sous la main, puisqu'elle se fabrique dans l'atelier des journaux et qu'il peut toujours mettre la main sur cet atelier!

Et cette force qui règne dans les rapports de nation à nation, comment ne serait-elle pas également dominante dans la vie intérieure des peuples? Pourquoi le devoir du souverain envers ses sujets, de l'homme envers le souverain qui le gouverne, et envers la société dont il fait partie, serait-il plus obligatoire que le devoir d'une puissance envers une autre? Là aussi l'opinion ne couronne que le succès. Pourquoi les vainqueurs de la Bastille ont-ils été des héros? Parce qu'ils ont été les plus forts. Pourquoi les vainqueurs du 18 brumaire et du 2 décembre ont-ils été si longtemps loués, admirés, couronnés, obéis? Parce qu'ils ont été les plus forts. Pourquoi avons-nous été régis six mois durant par le coup de main du 4 septembre et la dictature qui en est sortie? Parce que les auteurs de cet autre 2 décembre ont été les plus forts. Vous me direz peut-être qu'en tous les temps il en a été de même, et que la force triomphante a toujours été adorée. Je le veux bien, mais du moins ces triomphes de la force étaient autrement rares. Le seizième siècle a eu sa Ligue (on la jugera comme on voudra); le dix-septième a eu sa Fronde. Mais depuis que 1789 a consacré solennellement ce droit de la force (et ce droit de la force n'est-il pas le plus clair de tous les progrès de 1789?) nous avons eu douze révolutions pour le moins (une tous les sept ou huit ans), c'est-à-dire que douze fois la force a brisé tout un ordre social uniquement parce qu'elle s'appelait la force (*ego nominor leo*) et que cet ordre social lui déplaisait; et ces victoires, monarchiques ou républicaines, autocratiques ou populaires, absolutistes ou libérales, ont été toutes acceptées, toutes applaudies, toutes proclamées l'œuvre de la nation, toutes déclarées indestructibles et éternelles. Le soldat qui s'est senti la force en main, s'est fait dictateur, consul, roi, empereur, despote. Le tribun qui s'est senti la force en main, s'est fait chef de l'État, dictateur et despote plus absolu même que l'autre. Est-ce là un vice de nos institutions politiques? Non, certainement, puisque nous les avons changées sans cesse; nous avons tout essayé,

monarchie, république, monarchie despotique et monarchie parlementaire, république despotique et république parlementaire, quelque édifice que nous ayons construit, nous ne l'avons pas achevé ou
nous ne l'avons pas laissé debout. Non, évidemment. Nulle réforme
politique ne nous guérira; le vice est ailleurs, il est en nous. Le mal
durera, notre pauvre France sera ballottée de révolution en révolution, de coup de main en coup de main, de liberté en anarchie et d'anarchie en dictature, tant que la mobilité des opinions ne sera pas
contre-balancée par le lest de la conscience; tant que nous ne connaîtrons pas mieux cette loi divine qui nous défend de toucher à
l'ordre établi pour la seule satisfaction de nos passions ou de nos
idées; tant que nous ne serons pas en un mot plus honnêtes gens,
mais honnêtes gens à ce degré où l'honnête homme devient homme
religieux et l'homme religieux chrétien.

En résumé, le monde ne saurait se passer d'une loi morale, et cette
loi morale est forcément une loi divine. Qu'est-ce qu'une *morale indépendante*, une morale qui ne vient pas de Dieu, que les hommes se
font à leur gré, mais dont par conséquent ils se dispensent à leur gré?

Et la loi morale devient d'autant plus nécessaire que l'homme devient matériellement ou intellectuellement plus puissant. Si vous
dites à un homme paralysé de tous ses membres qu'il peut tuer ou
voler à son gré, le danger pour la société n'est pas bien grand; mais
si vous en dites autant à un homme vigoureux, le danger est grave; à
un homme armé, plus encore; si enfin à un homme qui manie quelques
centaines de mitrailleuses et de canons, c'est mille fois pire. Nos conquêtes dans l'ordre matériel, poudre à canon, vapeur, électricité; nos
progrès et nos forces dans l'ordre intellectuel, science, érudition, éloquence, génie; notre force morale elle-même, la force de la volonté
et du caractère : tout cela ce ne sont que des instruments, instruments
de bien, si nous voulons le bien, instruments de mal, si notre volonté
incline vers le mal. Et n'est-ce pas un double malheur pour notre
siècle, si notre puissance s'est accrue en même temps que notre sentiment moral a diminué, si nous sommes plus robustes étant plus
mauvais, si, l'enfant grandissant, ses vices ont grandi comme son
corps?

Certes, le moment est solennel, et, si je ne me fais illusion, 1870
sera comme une année climatérique du genre humain, un point de
départ pour des destinées nouvelles. Entre la génération qui aura
vécu avant 1870 et celle qui naîtra plus tard, il y aura une barrière,
comme il a pu y en avoir une entre la génération qui a précédé et
celle qui a suivi 1789.

Mais quelle sera cette ère nouvelle? faut-il l'appeler ou faut-il la
craindre? Une chose est certaine : si les influences antichrétiennes

triomphent, si la France pour être délivrée ne tend pas la main à l'Église délivrée elle-même; si, combattants ou vaincus, nous persistons à ne pas prier et n'appelons pas à notre secours, contre la force matérielle de nos ennemis, ces forces morales que nous avons eu le malheur de méconnaître, l'avenir du monde ne peut être autre que la guerre et le despotisme. La guerre[1] avec des forces plus puissantes et par suite des conséquences plus désastreuses que jamais; la guerre renouvelée sans cesse par les ressentiments des vaincus, la cupidité des vainqueurs, l'inquiétude des neutres; la guerre réduite plus que jamais à une question mécanique, dans laquelle tout le dévouement, toute la vaillance, tout le patriotisme, toute la foi religieuse qui sont au monde ne tiendront pas contre un chiffre donné d'hommes et un chiffre donné de canons; la guerre enfin sans loi, sans frein et sans limite; ne voyons-nous pas dès à présent comment, avec la tradition chrétienne qui les avait enfantées, disparaissent ces notions de droit des gens qui tempéraient la fureur de la guerre? Les nations ne vivront plus que pour la guerre, se constitueront en vue de la guerre, c'est-à-dire se constitueront sous le despotisme; elles auront, en fait de libertés constitutionnelles, celles dont on jouit dans une caserne. L'école obligatoire, comme il se fait en Prusse, arrachant l'enfant à sa famille, le mettra aux mains de l'État pour le préparer à la caserne; et le service militaire obligatoire jusqu'à la vieillesse, comme il se fait en Prusse, suivra l'homme dans toutes les phases de sa vie et le maintiendra serf de la caserne. Aussi admirablement pourvus de ressources militaires et aussi dégagés de toute crainte de résistance intérieure, comment nos maîtres se refuseraient-ils le plaisir de guerroyer? comment un souverain puissant ne se jetterait-il pas sur ce faible voisin, ce petit peuple qui a des prétentions d'indépendance? comment se priverait-il d'une de ces annexions qui sont si faciles, qui accroissent et son trésor et son armée et son orgueil et sa soif d'annexions nouvelles? Tout alors ne sera-t-il pas livré à ces puissances ambitieuses et conquérantes qui, en ce siècle de progrès, ont poursuivi avant tout le progrès de leur force militaire, à deux dynasties allemandes, nouvelles venues parmi les royautés européennes, qui ont grandi au seizième et au dix-huitième siècle par l'apostasie, la spoliation, la violence, aux neveux du *grand* Frédéric et aux héritiers de Pierre le *grand*? Quoi qu'il en soit, l'empire sera donné à la force, à la force

[1] Un illustre Allemand disait le 5 octobre 1850 : « Si Dieu ne vient pas miraculeusement à notre secours, nous avons devant nous un bouleversement pareil à celui qu'a subi le monde romain au milieu du cinquième siècle, l'anéantissement du bien-être, de la liberté, de la civilisation et de la science. »
(Niebuhr, cité par Dœllinger, *Kirche und Kirchen*, p. 7.)

matérielle, puisque la force matérielle sera désormais la seule au
monde, puisque toute Église, tout centre de foi, tout foyer de vie
morale aura été aboli ; à la force produite ou aidée par la science et
d'autant plus puissante pour le mal. Ce seront, comme on l'a
dit, des Mohicans élèves de l'École polytechnique, des Huns savants et des Attila mathématiciens. Ce seront les mêmes fureurs
que celles des barbares du cinquième siècle, servies par une puissance tout autre, et en même temps plus dégagées que les barbares
des faiblesses du cœur, des préjugés de l'ordre moral, d'une foi
quelconque à la Divinité. Ces penseurs et ces philosophes de l'avenir
ne seront pas sujets aux résipiscences ou aux remords qui arrêtaient
parfois les barbares. Dans les plaines de Châlons, le patriotisme et
le courage des Francs de Mérovée eût échoué devant la perfection de
leurs engins homicides, et ce n'est pas eux que, devant Rome, le
pape saint Léon, avec toute sa sainteté et son dévouement, fût jamais
parvenu à fléchir.

Malheur donc à la France, à l'Europe, à la civilisation, à la liberté !
Les ténèbres du Nord viendront obscurcir le soleil du Midi ; tout ce
qui est vivant, tout ce qui pense, tout ce qui est libre, tout ce qui
est chrétien sera écrasé par cet empire athée et matérialiste de l'a-
venir, appuyé plus que jamais sur la force qui prime le droit. Le
christianisme émigrera-t-il dans un autre hémisphère ou vivra-t-il
persécuté dans les catacombes ? Toujours est-il que tout christianisme sérieux et sincère est incompatible avec ce culte exclusif et
cet emploi exclusif de la force matérielle, avec cette haine du droit,
avec cet écrasement des faibles qu'on appellera encore du nom de
guerre quoiqu'il se passe de courage autant que de justice. Que deviendra alors ce que nous appelons notre civilisation, idole à laquelle
nous donnons notre culte au lieu de le donner à la justice, à la morale, au christianisme, à Dieu ? L'abaissement de notre littérature
et de nos arts, déjà si sensible aujourd'hui, que sera-t-il avec ces
générations qui ne cultiveront qu'un seul art, l'art de tuer ? Notre
progrès matériel, notre industrie, à quoi aura-t-elle servi et à quoi
sera-t-elle plus que jamais employée, si ce n'est à fabriquer et à
transporter des machines homicides ? A quoi servira notre science,
si ce n'est à tuer plus savamment afin de tuer davantage ? Ce qu'est
une terre sans soleil, c'est là ce que sera le monde sans le Christ
et sans Dieu.

Mais, « quoique nous parlions ainsi, nous avons confiance en un
avenir meilleur[1]. » La perversion des esprits a enfanté tous ces
maux ; le retour des esprits à la lumière peut les guérir. Il faut sans

[1] *Hebr.*, VI, 9.

doute un grand désaveu de notre passé. Le schisme du seizième siècle a été une œuvre d'orgueil ; l'incrédulité du dix-huitième, une œuvre d'orgueil ; la Révolution française, une œuvre d'orgueil. Si nous ne nous humilions pas, si nous ne rétractons pas et les erreurs du seizième siècle et les mensonges du dix-huitième et les folies ensanglantées de 1789, nous sommes perdus. Nous avons pu sans doute mêler à nos erreurs quelques vérités, mettre la main sur quelques institutions utiles, accomplir quelques progrès ; gardons ces progrès, mais immolons la pensée d'orgueil qui les a empoisonnés. Nous avons voulu tout faire sans Dieu, faisons tout avec Dieu ; tendons la main, nous qui périssons, à l'Église qui semble périr, mais qui se relèvera et nous relèvera avec elle. N'ayons pas peur pour notre civilisation et notre liberté ; elles seront sauvées avec l'Église, tandis qu'elles périront, sans aucun doute, par le triomphe des ennemis de l'Église. Il est vrai, nous aurons alors une autre littérature que celle des boulevards ; nous aurons un art plus grave et plus digne que celui qui recevait les encouragements d'un pouvoir imprévoyant et frivole ; nos chemins de fer et nos paquebots porteront des missionnaires aussi bien que des soldats, parce que, si nous ne pouvons abolir la guerre, nous comprendrons du moins quelle affreuse chose est aujourd'hui la guerre avec les armes que la science lui a malheureusement données, et nous imposerons à ceux qui nous gouvernent le devoir de ne l'entreprendre qu'à la dernière extrémité. Nous rendrons d'ailleurs plus rares les occasions de guerre par cela seul que nous remettrons en honneur la foi des traités, si indignement foulée aux pieds depuis que l'Europe n'est plus chrétienne ; nous estimerons que, de nation à nation comme d'homme à homme, le faible a droit au respect, qu'il n'est licite ni de l'écraser ni de l'annexer ; que, si un puissant l'attaque, c'est le devoir et même l'intérêt d'un autre puissant de le défendre : vérités évidentes, vérités banales, mais que, depuis douze ans, l'Europe ne cesse de méconnaître, parce qu'en toute chose, quand la lumière morale manque, l'homme est dans les ténèbres et juge mal de tout, même de son intérêt propre. Dans la vie intérieure des nations, nous serons peut-être monarchiques, quoique les rois aient bien fait tout ce qui était en eux pour nous dégoûter de la monarchie ; peut-être républicains, pourvu qu'on n'appelle pas du nom de république celle que nous font nos soi-disant républicains, les esprits les plus despotiques qui soient au monde ; mais qu'importe cette légère différence ? Ni république, ni monarchie ne vivent sans loi, c'est-à-dire sans force morale, c'est-à-dire sans Dieu ; et Dieu, quand on s'adresse à lui, sait faire vivre les républiques comme les monarchies. L'année 1870 aura été ainsi le point de départ d'une ère nouvelle, comme 1789 en avait commencé une, toutes deux dans les désastres et dans les souffrances ; mais 1789, faute de Dieu et grâce à son orgueil, n'a abouti à rien de solide, à rien de pacifique, à rien de durable; et cette époque de révolutions, commencée par la guerre, aura achevé aujourd'hui son cours dans la plus atroce de toutes les guerres. 1870, au contraire, s'il plaît à Dieu, et s'il nous plaît de croire en Dieu et de nous humilier devant lui, 1870, cette année d'affreux désastres peut amener après elle une ère de paix, de vraie civilisation, et de vraie liberté.

Mais rappelons-nous qu'une nation, ce sont des hommes, et que pour qu'une nation se convertisse, il faut que les hommes se convertissent. Cette œuvre de résipiscence et de retour est, avant tout, une œuvre individuelle. Pour que la France se mette à prier, il faut que chacun de nous se mette à prier. Et cet effort, si c'en est un, nous est plus que jamais rendu facile par les circonstances où nous sommes. Autant qu'on l'a jamais été, nous sommes, humainement parlant, sans consolation, sans espérance, sans lumière. Voici venir d'en haut la lumière, l'espérance, la consolation. Ne soyons pas durs envers nous-mêmes au point de nous refuser, au delà de cette patrie terrestre qui nous échappe et qui ne sera sauvée qu'à travers tant de labeurs et de périls, l'espérance de la patrie véritable dont celle-ci n'est que la figure, de la patrie indéfectible, immortelle, inébranlable, séjour d'une paix éternelle et d'un repos plein de vie. Ne nous refusons pas jusqu'aux espérances de la terre; car les plus vraies et les plus fortes espérances, même pour la terre, viennent du ciel : et à qui, si ce n'est à Celui qui règne au ciel, pouvons-nous demander la préservation des êtres que nous aimons, le salut de nos familles, le salut de notre chère et pauvre patrie ? Et pour nos morts bien-aimés, pour ceux que nous avons déposés dans le sein de la terre et que nous envions aujourd'hui parce que nos douleurs leur ont été épargnées, pour ceux surtout que nous venons de voir expirer, ou sur le lit de douleur, ou sur le lit glorieux, mais non moins douloureux, du champ de bataille, pour ces fils et ces frères qui, avec plus de courage encore que d'espérance, nous avaient quittés pour aller au combat, ne refusons pas à ces êtres aimés les larmes salutaires et chrétiennes qui sont et une consolation pour les vivants et un soulagement pour les morts. Ne brisons pas à plaisir le lien doux et sacré qui existera toujours entre eux et nous; ne nous réduisons pas à la triste condition de ne pouvoir rien pour eux et de ne rien attendre d'eux. Ce monde est déjà assez sombre et assez noir, ne l'obscurcissons pas encore en achevant de lui cacher son soleil, Jésus-Christ.

La pensée de telles consolations et de telles espérances étaient en moi lorsque j'écrivais ce livre. Je ne savais pas, en commençant, que les événements allaient lui donner une si cruelle opportunité. Je parlais de lumière, de consolation et d'espérance en face des maux ordinaires de l'humanité : combien plus ne faut-il pas en parler auprès des terreurs, des ténèbres, des douleurs d'aujourd'hui ?

25 janvier 1871, jour de la Conversion de saint Paul.

II

1871

Qu'arrive-t-il donc à notre pays ? Quelle maladie le travaille ? Pourquoi, depuis près d'un siècle, se produit-il chez lui des phénomènes d'abaissement et de douleur que les autres pays ne connaissent pas ?

Nous le disions déjà ; depuis que notre pays a lancé la révolution dans le monde, ce fléau plus ou moins accueilli ailleurs, mais comprimé à la fin, revient avec toute sa force vers le foyer d'où il est parti. Les autres peuples ont eu des révolutions plus ou moins fréquentes ; nous, nous sommes la révolution en permanence. — L'Allemagne, qui a ressenti en 1848 les secousses de notre volcan, a retrouvé aujourd'hui, sous la rude main qui la gouverne, une bien complète et trop complète unité. — L'Italie, que nous avons follement aidée à sortir de ses voies, avait eu sa crise de 1820, et subit aujourd'hui une nouvelle crise commencée en 1859 ; mais enfin elle n'a eu que celle-là. — L'Espagne elle-même, où les révolutions de caserne s'opèrent si facilement, l'Espagne a, malgré tout, compté un règne de trente-cinq ans ; est-ce que cela ne nous semble pas une merveille ? — La race anglo-saxonne, puissante parce qu'elle est stable, a su, pendant les agitations de ce siècle, s'en tenir, en Europe à sa révolution de 1688, en Amérique à sa révolution de 1774 ; accordant aux nécessités du temps et aux exigences de l'opinion ce qu'il est opportun de leur accorder, mais ne se laissant pas faire violence et ne cédant rien à la force ; changeant, mais ne brisant pas. Nous seuls, infatigables dans notre manie de changement, ou plutôt incurables dans notre faiblesse à accepter tous les changements que la première émeute nous impose, nous avons, pendant cette période

de quatre-vingts ans, essayé ou plutôt laissé essayer à nos dépens
quatorze gouvernements différents, y compris cette honteuse Commune qui a été pendant deux mois le gouvernement de Paris, et
qui a bien failli devenir le gouvernement de la France. Quatorze fois,
la force et rien que la force, la force militaire ou populaire, a imposé à notre nation, immobile d'indifférence ou de terreur, une
perte plus ou moins grande de richesse, de sang, de dignité, d'honneur. Dira-t-on que c'est la faute de nos gouvernants; qu'ils ont été
par leur imprudence ou leur ambition la cause de leur propre ruine?
Quand un peuple a la prétention de choisir ceux qui le gouvernent,
comment ne choisit-il donc que des traîtres ou des incapables? Un
maître, au bout de quinze jours, renvoie son serviteur; c'est la faute
du serviteur, je n'en doute pas : s'il en prend un autre et ne le garde
pas plus longtemps, c'était encore un mauvais serviteur, je le veux
bien : mais si cela arrive trois fois, dix fois, quatorze fois, ne fini-
rai-je pas par dire que c'est la faute du maître?

Et ces crises successives nous ont menés à la dernière (à celle
d'aujourd'hui, veux-je dire), sinon la plus désastreuse, du moins la
plus incompréhensible de toutes, celle qui témoigne le plus de l'état
maladif de notre nation, celle en un mot qui nous humilie le plus.

Un gouvernement mal inspiré nous propose une guerre. Sans lui
demander pourquoi il veut la faire, sans lui demander s'il peut la
faire, sans réfléchir, sans discuter, sans écouter les hommes de renom et d'expérience qui sollicitent de nous au moins vingt-quatre
heures de réflexion, nous acceptons cette guerre, je ne dis pas avec
enthousiasme, mais avec une légèreté frivole, non pas comme des
croisés, mais comme des enfants. Il nous semble qu'il suffit de go-
belotter dans des cafés en chantant la *Marseillaise*, de griser des soldats, de jeter des quolibets dans ce qu'on appelait alors les journaux
à sensation, de crier : *A Berlin !* pour aller tout droit à Berlin. Et
quand il se trouve que nous n'allons pas du tout à Berlin, mais que
Berlin vient à Paris, que cet enthousiasme de café n'a pu enfanter
des armées, quelle est notre ressource? Toujours la même : jeter
à bas un gouvernement. Quand l'ennemi n'est qu'à cinquante lieues
de nous, les fusils de Belleville et de Montmartre, qui se fussent bien
gardés d'aller au-devant de lui, s'amusent, dans les rues de Paris, à
combattre un pouvoir qui ne se défend pas ; et trois ou quatre cents
voyous (il faut bien employer la langue des faits qu'on raconte) in-
stallent sur le dos du peuple souverain ébahi un pouvoir nouveau,
inapte, par cela seul qu'il est nouveau, soit à faire la guerre, soit à
faire la paix.

Aussi n'avons-nous su faire avec succès ni la paix ni la guerre.
Ici encore, nos gouvernants ont pu faire des fautes; mais nous, com-

bien n'en avons-nous pas fait? Lorsque le dictateur de la province
nous appelait aux armes pêle-mêle, croyant, comme il l'était, à sa
vieille et menteuse légende de 92, comment avons-nous répondu à
son appel, et quels soldats avons-nous improvisés pour ce général
improvisé? S'il est vrai qu'en 1792 l'influence révolutionnaire soit
venue en aide à l'ardeur patriotique de la défense, cette fois-ci, il
n'en a plus été de même. En général, plus l'ardeur révolutionnaire
était grande, et plus le zèle de la défense était petit: plus il y avait
de clubs dans une ville, et moins elle donnait de soldats; plus les
langues étaient patriotes, et moins les bras avaient envie de le devenir; plus la révolution était maîtresse d'une cité, plus elle avait hâte
de la confisquer au détriment de la patrie. Il y a eu, certes, de beaux,
de nobles, de nombreux dévouements; mais l'esprit de la nation, l'esprit qui nous mène, l'esprit révolutionnaire qui, pour notre malheur, s'est fait l'âme de ce pays, quel rôle a-t-il joué devant l'ennemi?
Et s'il a pu avoir, comme en 92, ses représentants du peuple, jour-
nalistes la veille, généraux le lendemain, ses conscrits en haillons,
paysans la veille, soldats le lendemain, il n'a su retrouver, hélas! ni
les grands capitaines, ni les bataillons aguerris, ni les victoires de
1792.

Et après avoir ainsi fait la guerre, comment avons-nous accepté
la paix? Une paix que nos fautes avaient rendue nécessaire, une paix
douloureuse, humiliante; mais pouvait-on en espérer une autre pour
un peuple qui, depuis cinq mois, criait *la guerre à outrance* et ne la
faisait pas? Au fond du cœur, nous nous sommes réjouis de cette
paix, parce que, si dure qu'elle fût, c'était la paix. Mais nous (j'entends ici la partie bruyante et dominante de la nation), nous ne nous
en sommes pas moins réservé le droit d'écraser de notre courroux
patriotique ceux qui avaient signé la paix. Nous avons hurlé de
désespoir quand on nous a arraché des mains une arme dont nous
ne nous servions pas, et, tout en faisant notre profit de cette paix
si chèrement achetée, nous en avons appesanti la responsabilité sur
les épaules de nos gouvernants. Nous avons été plus loin encore,
et, avec une inconséquence d'enfants gascons, nous nous sommes
remis (j'entends toujours la partie de la nation qui parle pour le
reste), nous nous sommes remis à faire les braves contre l'ennemi
qui nous foulait si orgueilleusement sous ses pieds. Nous l'avons
charitablement prévenu de notre intention de chercher des représailles, et nous l'avons provoqué avec le tronçon de notre épée brisée,
comme pour l'avertir de la briser davantage encore.

Mais du reste nous l'avons servi à souhait, et nous-mêmes nous
avons fait ce qu'il était possible de faire pour que l'épée brisée
devînt plus impuissante encore. Comme cette paix si chèrement

payée commençait à porter quelques fruits, comme un peu de calme
et de prospérité semblait venir, nous avons jugé, la France révolutionnaire a jugé que c'était le cas pour y mettre ordre d'employer la
ressource ordinaire, c'est-à-dire de jeter encore un gouvernement à
bas. Nous avons, les uns fait, les autres laissé faire, ceux-là avec une
audace peu dangereuse pour eux-mêmes, ceux-ci avec une torpeur
et une inintelligence sans pareille, la révolution la plus insensée qui
se soit jamais faite. Une trentaine d'hommes inconnus, dont les
idées, s'ils avaient des idées, sont demeurées profondément inconnues, ont pu se faire les rois absolus d'un royaume de deux millions
d'âmes, et en trois jours ils se fussent faits les maîtres de toute la
France, si, par bonheur, une Assemblée plus prévoyante que ses de-
vancières, ne s'était refusée à siéger dans Paris, et si le pouvoir
eût, comme cela arrive d'ordinaire, perdu la tête en face de
l'émeute. Sans cette prévoyance de l'Assemblée et cette fermeté du
pouvoir, la France tout entière eût subi et subirait encore ce quelque chose qui n'est ni république, ni royauté, ni empire, et qui, ne
sachant comment s'appeler, s'est appelé la *Commune*, sans jamais
nous expliquer ce que veut dire ce mot. Et encore il a fallu deux mois
d'attente, de lutte, de combats, de sang versé, d'habileté stratégique,
il a fallu une force qu'on n'avait pas su trouver contre l'invasion
étrangère, pour venir à bout de ce pouvoir sans nom qui, ne faisant
et ne devant faire espérer le bien de personne, avait cependant pour
lui la terreur et la stupéfaction des uns, l'indifférence et l'ignorance
des autres, la sympathie secrète ou patente, mais incroyablement
aveugle d'un très-grand nombre.

Il y aura là un problème insoluble pour la postérité. Ces gens-là,
venant au pouvoir, n'y apportaient rien : pas un antécédent, pas un
renom quelconque, pas un programme, pas une théorie, pas une
idée même absurde ; ils ne savaient dire ce qu'ils feraient étant les
maîtres ; devenus les maîtres, ils n'ont eu à nous donner que des
phrases, je ne dirai pas des phrases sonores, car ces hommes n'étaient
pas même des rhéteurs. Ils n'ont su ni donner une promesse un peu
définie, ni susciter une espérance un peu sérieuse, ni flatter un intérêt, si ce n'est celui des repris de justice qu'ils délivraient de prison,
et celui des ouvriers fainéants auxquels ils donnaient trente sous par
jour à la condition de porter un fusil. Sauf cela, ce n'étaient les hommes ni d'une idée vraie ou fausse, ni d'un intérêt bon ou mauvais,
ni d'une politique possible ou impossible. S'il y avait quelque part
en ce pays-ci une tradition, un principe, une idée collective, ils s'en
faisaient les ennemis. — La liberté (si quelqu'un y croit encore)!
ils n'en admettaient aucune, ni celle de la personne avec leurs em-
prisonnements, ni celle du domicile avec leurs perquisitions, ni

celle de la presse avec leurs suppressions des journaux, ni celle de
l'enseignement avec leur invasion des écoles, ni celle de la conscience avec l'infâme profanation des églises. — L'honnêteté publique, le sentiment de la famille! Rappelez-vous les prostituées ti-
rées de Saint-Lazare pour être mises à la place des religieuses à
la tête des écoles de filles, les salaires et les récompenses aux femmes
mariées ou non, aux veuves *légitimes ou non*, aux enfants *reconnus ou
non reconnus* de leurs soldats. — Le respect de la vie humaine!
Rappelez-vous et l'assassinat des généraux prisonniers, et le meur-
trier de Bréa gracié, autant que faire se pouvait, et les chapelles
expiatoires condamnées à être démolies, et ces otages choisis et sé-
questrés longtemps à l'avance, promis au fer des assassins, et, nous
ne le savons que trop, cette promesse a été tenue. — Le patriotisme
enfin, le patriotisme, dont jusque-là le sentiment révolutionnaire
s'était emparé et dont il avait fait comme sa religion! il faut qu'on
l'ait cru bien disparu de notre pays, pour qu'on n'ait pas craint de
faire ce qu'on a fait : une révolution accomplie et une guerre civile
soulevée dans une ville dont la poussière gardait encore la marque
des pas de l'étranger, lorsque cet étranger, cet ennemi de la veille,
ce vainqueur, à grand'peine apaisé par les plus douloureux sacrifi-
ces, gardait encore nos citadelles du haut desquelles il a pu, pendant
soixante et onze jours, voir à l'œil nu le drapeau rouge flotter sur
Paris, et entendre, en haussant les épaules, le canon par lequel cette
nation achevait sa propre ruine! Et, pour réjouir encore plus son
cœur, pour mettre sur ses lèvres un sourire plus méprisant, on a
fait tomber devant lui cette colonne, au pied de laquelle, disait autrefois le parti libéral et révolutionnaire, on ne passait pas sans être
fier d'être Français! Ces gens-là, si peu fiers d'être Français, ne
comptaient certes pas sur le sentiment patriotique pour les soutenir.

Il y a autre chose encore, les intérêts matériels, si chers à notre
siècle, étaient menacés et blessés. On parlait sans doute aux appétits
grossiers et aveugles d'un petit nombre, mais on ne pouvait qu'alar-
mer les intérêts véritables, les intérêts positifs et pécuniaires de
tous. Qu'avait à gagner le bourgeois à ces violations continuelles
de la propriété? le commerçant, à cette impossibilité de tout trafic?
l'ouvrier, à cette interdiction du travail au profit de la milice? le
paysan, au règne de ces hommes si méprisants pour les *ruraux?*
Par conséquent, quiconque avait ou un esprit un peu libéral, ou un
peu d'honnêteté ou de prudence, ou un peu de patriotisme, ou seulement un égoïsme un peu réfléchi et un peu intelligent, devait être
l'ennemi de ces hommes. Ils ne devaient avoir pour eux que leurs
libérés et leurs stipendiés ; cette classe exceptée, la France entière
devait leur courir sus. Et leur coup de main, puisque par impos-

sible leur coup de main s'était fait, ne devait pas leur donner un règne de huit jours.

Eh bien ! il n'en a pas été ainsi. Sans doute la partie intelligente de la nation n'a eu qu'un sentiment de mépris et d'horreur en face de cette tyrannie. Mais le reste, mais le grand nombre, mais le petit bourgeois, mais le peuple de Paris, mais le peuple des villes, mais le peuple des campagnes, qu'a-t-il pensé et qu'a-t-il fait? où s'est-il soulevé? combien a-t-il fourni de volontaires? quelle aide a-t-il donnée à cette assemblée nommée par lui? Et lorsque, pendant cette séquestration de Paris, les élections municipales lui ont offert une occasion solennelle de manifester ses sympathies pour la cause de l'ordre et pour la république légitime, en a-t-il usé d'une manière bien éclatante? Peut-on nier que, dans cette circonstance, la nation s'est affirmée, pour employer le langage du jour, d'une manière au moins fort équivoque? Ces hommes de liberté, comme ils ont prétendu l'être à certaines époques, n'ont pas eu autrement souci des libertés violées à Paris. Ces philantropes, qui dans leurs clubs votaient l'abolition de la peine de mort, ont paru se contenter de l'abolition de la guillotine et trouver bon qu'on fusille les hommes, pourvu qu'on ne les décapite pas. Ces pères de famille ne se sont pas autrement indignés de l'égalité établie entre la femme mariée et la concubine, entre le fils légitime et le bâtard. Ces Français ne se sont pas élancés sur la place Vendôme pour protéger la colonne qu'on avait tant reproché à la Restauration d'avoir découronnée de son héros. Et, qui plus est, ces marchands, ces ouvriers, ces propriétaires, ne se sont pas doutés, ou n'ont pas voulu voir qu'il s'agissait de leur cause quand on pillait les caisses, quand on confisquait les maisons, quand on rendait le commerce impossible et quand on stipendiait à leurs frais une armée composée de tous les travailleurs qui ne veulent pas travailler. Il s'agissait pourtant là de leurs intérêts les plus chers, les plus positifs, les plus matériels. Qu'il y ait eu pour la Commune une sympathie profonde, active, universelle, raisonnée surtout, je ne le prétends pas; mais qu'il y ait eu révolte, indignation, ardeur à la combattre, tous savent bien que non. Bien des gens ont été neutres juste autant qu'il le fallait pour pouvoir, la lutte finie, saluer le vainqueur quel qu'il fût; mais leurs souhaits, pour qui étaient-ils?

Maintenant que la Commune a fini, et a fini dans le sang et dans les flammes, qu'en tombant elle s'est vengée sur la France, enfin victorieuse, par des incendies et des massacres depuis longtemps médités, combinés, soudoyés; maintenant, j'aime à le croire, les sympathies qu'elle rencontrait en trop grand nombre l'auront abandonnée. Ces yeux si incroyablement fermés se seront ouverts à la lueur des flammes qui ont brûlé Paris et à la pensée de ces abattoirs de la

Roquette, de cette autre journée de septembre aussi froidement conçue et accomplie plus froidement encore que ne fut la première. Je veux croire que le peuple de France n'est pas sans un sentiment d'indignation vis-à-vis de la tyrannie qui lui a fait de tels adieux. Mais s'il n'a compris qu'à la dernière heure quels étaient ces hommes, et de quoi ils étaient capables, ou si, le comprenant, il a cru devoir demeurer vis-à-vis d'eux dans sa tranquille apathie, je ne saurais louer ni sa perspicacité, ni ses lumières, ni son amour pour le bien. On lui a appris à lire et à écrire, c'est possible ; on ne lui a appris ni à juger ni à agir.

Nous n'étions pas ainsi faits, il y a seulement vingt-deux ans. Nous avions cependant derrière nous tous près de soixante ans de révolution : grand fardeau pour la conscience, pour la sagesse, pour le patriotisme d'une nation. La révolution de 48 s'est faite, elle aussi, par un coup de main qui n'avait guère d'autre motif que l'ennui d'avoir été dix-huit ans sans changer de gouvernement ; mais ce coup de main, ceux qui l'ont fait ont du moins cherché à le décorer de quelques prétextes honnêtes, à lui donner un but, à le rendre excusable aux yeux de l'avenir. Ils n'ont pas trouvé que le pillage des caisses publiques ou privées, la libération et l'armement des détenus pour vols fussent des résultats suffisants pour légitimer une révolution. Loin de là, ils ont eu horreur de telles conséquences, et ils ont cherché, les plus sages, à établir un ordre quelconque et à faire vivre la société de sa vie accoutumée ; les autres, à la conduire à des utopies, folles, je le sais bien, mais qui prouvaient du moins leur désir de faire aboutir leur triomphe à autre chose qu'à l'unique satisfaction de leurs appétits. Les programmes abondaient alors, les chimères sociales, les plans d'organisation et de rénovation, qui dans leur absurdité même, témoignaient de la sincérité de leurs auteurs et d'un certain amour du bien de tous. Cette fois-ci, pas une seule de ces utopies n'a paru ; tout en renversant l'ordre établi, on ne proposait rien pour le remplacer, c'était l'anarchie pour l'anarchie. — De plus, si en 1848 la révolution était plus excusable et avait dans son sein des éléments plus honnêtes, la réaction, d'un autre côté, a été autrement forte, vigoureuse, intelligente ; au premier moment, comme toujours en France, on a été affolé et on a laissé passer sans résistance cette révolution qu'on n'avait pas eu le bon sens de prévoir ; mais du moins cette stupeur n'a pas été longue. Où est aujourd'hui cet esprit public qui, sans un pouvoir à sa tête, sans une armée à ses côtés, se soulevait dès le mois d'avril 1848 contre la force brutale qu'alors, comme aujourd'hui, on appelait le peuple ? cet esprit public qui, au mois de juin, amenait à Paris la France entière et terminait en trois jours cette victoire sur l'anarchie qui, en 1871, nous a coûté deux mois de siége autour de Paris, huit jours de combats dans Paris? Cette fois-ci, la révolution, bien malgré elle, nous avait laissé un gouvernement, une Assemblée, une armée ; mais par quels efforts, par quels vœux même les avons-nous aidés? En 1848, si les principes politiques ou sociaux étaient en désaccord, il y avait du moins quelques principes d'ordre, d'honnêteté, de moralité, sérieusement acceptés par le plus grand nombre. Et même, les principes eussent-ils manqué, les intérêts savaient s'entendre ; aujourd'hui ils ne le savent même plus.

J'ai donc le droit de dire que notre situation est étrange et témoigne chez nous d'une étrange maladie. Les autres nations le savent bien ; elles nous envoient leur indulgente pitié, non sans sourire de notre inconséquence, non sans se réjouir — elles en ont le droit — en se disant qu'elles n'ont pas à craindre pour elles les mêmes périls. Quel est donc notre mal? D'où nous est venue d'abord cette incurable instabilité du pouvoir, telle qu'elle s'est vue tout au plus aux plus basses époques du Bas-Empire? D'où nous vient aujourd'hui cet obscurcissement du sens commun, cet affaissement de l'esprit public, cet effacement du sentiment national au profit de la manie révolutionnaire ; ces alternatives d'étourderie et d'inertie qui nous ont rendus si prompts à accepter la guerre, si faibles pour la soutenir, si empressés d'en faire sortir une révolution? Et, quand la révolution est arrivée à cette extrême limite, d'où nous vient, d'où vient, du moins, aux classes populaires cette complaisante sympathie pour ceux qui l'ont faite, cette indifférence ou cette hostilité mal déguisée pour ceux qui la combattent ; en un mot, ce goût de tout un peuple à sa propre ruine et cette insouciance de sa propre gloire? Ceci est rare dans l'histoire, on peut dire inouï ; il y a eu des peuples plus malheureux que nous, il n'y en a pas eu de plus abaissé, parce que nous sommes abaissés non-seulement par la force d'autrui, mais par notre faute et par une incroyable série de fautes. D'où cela vient-il? N'est-il pas clair que rien là n'est accidentel, que ce sont des symptômes, et qu'il y a chez nous un mal profond et durable qui n'est point ailleurs.

Il y avait jadis un peuple auquel, par ces appréciations quelque peu arbitraires que l'on s'accoutume à faire du caractère des nations, on attribuait la générosité, l'esprit chevaleresque, une sorte de désintéressement glorieux, non exempt d'amour-propre, mais du moins exempt, trop exempt, de calcul. C'était, disait-on, le peuple de Clovis ; et, le premier parmi les conquérants du monde romain, il avait accepté l'orthodoxie chrétienne et s'en était fait le défenseur. C'était le peuple de Charlemagne ; et, sous le sceptre de ce grand roi, il avait lutté victorieusement contre les barbares, délivré Rome et la papauté des Lombards, secouru l'Espagne contre les Maures, poursuivi contre les Saxons la conversion et la civilisation de la Germanie. C'était le peuple de saint Louis; et il avait, plus que nul autre, soutenu l'héroïque combat de la chrétienté contre le mahométisme, et il avait été, pendant la grande période du moyen âge, la clef de voûte, le peuple chef et le peuple modèle de l'Europe chrétienne. Même plus tard, lorsque l'Europe avait commencé à sortir de ses anciennes voies, il avait été le peuple de Louis XIV, grand surtout par la gloire intellectuelle, donnant à la littérature cette époque de génie, de droiture et de bon sens qui cessera peut-être d'être classique (tant les esprits changent!), mais qui demeurera, pour l'homme sachant lire et comprendre, un type supérieur et achevé. En notre siècle encore, il a été le peuple de Napoléon, c'est-à-dire un peuple qui, jeté par une volonté impérieuse dans une voie toute militaire, s'est montré pendant quinze ans le plus grand soldat de l'Europe : heureux si, au lieu d'être seulement le soldat d'un homme, il avait été comme jadis, selon le mot de Shakespeare, le soldat de Dieu !

Mais au milieu de ces grandeurs il y avait comme le ver qui ronge la moelle de l'arbre. Il y avait, et depuis des siècles, chez notre nation un esprit, je ne dirai pas seulement de raillerie, mais de raillerie âpre et destructive qui coexistait, je ne sais comment, avec ces instincts chevaleresques, généreux, désintéressés. C'était ce que nous avons appelé l'esprit gaulois et ce qu'il serait peut-être plus juste d'appeler l'esprit parisien : esprit intelligent, perspicace, piquant, mais piquant volontiers jusqu'au sang. La plaisanterie, chez d'autres peuples, est joyeuse et familière plutôt qu'elle n'est âpre et mordante; chez nous trop souvent elle déchire; comme nous disons, elle *emporte la pièce*, elle a le sourire *narquois* d'un ennemi, au lieu du franc rire de l'ami qui, à un moment de gaieté, plaisante un ami sur ses défauts ; elle a le ton *goguenard* de l'homme qui, satisfait de lui-même, de son esprit ou de son bien-être, voit d'en haut la simplicité ou la misère d'autrui; elle ne s'égaye plus, elle *gouaille ;* elle ne critique pas seulement, elle *persifle;* elle ne plaisante pas seulement, elle *mystifie*. J'emploie ces mots de notre langue vulgaire parce qu'ils sont caractéristiques et n'ont pas, que je sache, d'équivalents dans les autres langues. À travers tout cela, la raillerie française touche souvent le vrai, elle a été souvent utile ; mais on sent que, chez un esprit ainsi fait, pour peu qu'il se dérègle, la passion de dénigrer finit par l'emporter sur tout le reste ; il a trop de goût à rabaisser, à diminuer, quelquefois même à salir ; quoiqu'il y ait chez nous des enthousiasmes ardents et excessifs, ils ne sont pas de longue durée, et nous brisons notre idole avec plus de satisfaction encore que nous ne l'adorions. Nos prédilections littéraires déposent de cette pente de notre esprit. Les fabliaux moqueurs du moyen âge sont restés plus

en honneur que les sirventes et les chansons de gestes ; le cynique
Villon a laissé plus de renom que l'élégant Charles d'Orléans ; Rabelais est autrement populaire que Ronsard, Baïf et du Belloy ;
même au dix-septième siècle, ce siècle sérieux, la Fontaine et Molière
se sont assimilé l'esprit français bien plus que Bossuet et Fénelon ;
au dix-huitième, le sentimentalisme de Rousseau, quelque succès
qu'il ait eu, n'a pas eu une influence comparable à celle de la malignité de Voltaire, et, dans la première moitié de notre siècle, le
chansonnier Béranger a rencontré une faveur autrement générale
— je ne dis pas plus durable — que celle de Lamartine.

Un trait caractéristique de cet esprit de dénigrement chez notre
nation, c'est l'absence de respect pour le passé. Nous sommes le plus
antihistorique de tous les peuples, le plus étranger à la religion des
souvenirs. Ce mal date de loin. Dès le seizième siècle, François Ier,
sans respect et sans remords, détruisait la grosse tour du Louvre,
sur laquelle reposait cependant la suzeraineté des rois de France, et
qui était légalement le centre et la clef de voûte de la monarchie féodale. A plus forte raison, après cette rupture violente avec le passé
qui s'est appelée la Révolution, la Convention, ennemie née de nos
aïeux, voulut-elle, dans son vandalisme, anéantir tout ce qui faisait
notre gloire dans le passé, églises, monuments, tombeaux, chartes,
manuscrits. Et les derniers *embellisseurs* de Paris, dans leur entreprise financièrement et politiquement si funeste, que n'ont-ils pas
fait pour ôter à la cité de nos pères son aspect, ses souvenirs, les
traces déjà si mutilées de son passé, jusqu'aux noms historiques de
ses rues ? Et nous, honnêtes bourgeois, nous demeurions ébahis
d'admiration à la vue de cette destruction grandiose ; le peuple prenait un plaisir d'enfants à voir tomber ces gigantesques châteaux de
cartes, et les journaux, faisant par avance l'oraison funèbre d'un
quartier condamné, énumérant les souvenirs qu'il renfermait, les
vestiges d'art antique qui pouvaient s'y rencontrer, ne manquaient
pas d'ajouter, sans l'expression du moindre regret, cette formule officiellement triomphante : « Tout cela va disparaître ! »

Puis-je taire ici la plus douloureuse de nos aberrations en ce
genre ? Nous avons dans notre histoire un fait unique et dont nulle
nation n'a le pareil, le fait de la délivrance merveilleuse — je puis
bien dire surnaturelle — de tout un peuple par une femme envoyée
de Dieu. Que ne feraient pas les autres nations, si elles possédaient
dans leurs annales un tel souvenir ? Chez nous il n'en a pas été de
même. Whittington et son chat sont plus populaires à Londres que
Jeanne d'Arc à Paris. La capitale de la France ne lui a pas élevé un
monument, n'a pas donné son nom à une rue ; et dernièrement,
quand la pioche administrative a remué le sol où Jeanne d'Arc fut

blessée devant Paris, qui y a pensé? qui a demandé qu'un monument, une inscription, un mot rappelât ce souvenir? Bien plus, nous n'avons pas seulement oublié Jeanne d'Arc ; nous l'avons honnie, nous l'avons livrée au rire sardonique du grand insulteur moderne, et nous avons applaudi à la boue qui lui était jetée au visage. Et c'est un étranger, un Allemand, qui, nous reprochant cette honte, s'en prenait, non sans quelque justice, à la nature de l'esprit français, « esprit de raillerie qui fait éternellement la guerre à l'idéal, qui ne croit ni à l'ange ni au Dieu[1]. »

C'est que, à l'époque de Voltaire, ce goût de critique amère, de dénigrement, de négation, qui sera toujours le côté dangereux de l'esprit français, s'était plus que jamais développé. Le jour où la foi chrétienne avait commencé à faiblir, où d'autres nations nous avaient donné l'exemple de ne plus rien respecter de ce qui, dans les plus grands excès, avait jusque-là été respecté, notre humeur négative et moqueuse s'était portée aussi de ce côté-là ; notre veine satirique, après s'être épuisée sur tout le reste, s'était jetée sur les croyances ; après avoir dénigré les hommes, nous avions dénigré Dieu ; notre cynisme était devenu blasphème. Poussant alors la négation à l'extrême, quand les autres peuples s'étaient faits luthériens, nous nous faisions incrédules ; quand l'Angleterre nous envoyait le déisme ou même l'athéisme philosophique et raisonné d'un Hobbes ou d'un Toland, nous en faisions l'irréligion cynique d'un Voltaire, l'athéisme éhonté de Diderot, le matérialisme grossier du baron d'Holbach. Avec son déisme sentimental, Rousseau n'était qu'un étranger qui n'a pris pied chez nous que pour un temps. Non, une fois lancés dans cette pente, nous sommes bien plus ardents à haïr qu'à aimer, à nier qu'à affirmer, à détruire qu'à édifier.

Aussi, quand les autres peuples nous appellent la nation impie, ils le font avec une apparence de raison. S'ils veulent parler de tout le pays ou de la majorité numérique du pays, ils ont tort ; s'ils veulent parler des classes élevées, ils ont tort également : l'impiété y a bien sa part, mais elle n'y domine pas. Mais s'ils veulent parler de cette fraction du pays qui s'agite au nom de tous, qui écrit, harangue, imprime, qui est, je ne dirai pas supérieure — tant s'en faut! — mais dominante ; et surtout s'ils veulent parler de cette multitude, inerte quand elle n'est pas turbulente, qui prend des mots pour des idées, ses appétits pour des principes, sa servitude envers quelques meneurs pour de l'indépendance ; ils ont raison. L'irréligion est devenue non pas le drapeau (ce mot est trop honorable et ne serait pas juste), mais le lieu commun de ce pays-ci ; c'est l'idée de ceux qui n'ont pas

[1] Schiller, en tête de sa *Jeanne d'Arc.*

d'idée. Quiconque a aliéné au profit des clubs et des affiliations secrètes la liberté de sa pensée, se qualifie libre penseur.

Certes il s'en faut que les peuples étrangers soient sans reproches : la négation a chez eux sa large place ; mais elle n'y a pas ce caractère populaire, obligé, pour ainsi dire officiel, qu'elle a chez nous. Elle n'y est pas à l'état d'idée reçue. En France, nous ne comprenons pas l'indépendance ; « il faut, disons-nous, *faire comme tout le monde* » : et, comme tout le monde s'interdit de prier, il faut s'interdire de prier. En cela comme en bien d'autres choses, tout le monde obéit sottement *à tout le monde*.

Je sais, par exemple, ce qu'il peut y avoir à reprocher à l'esprit religieux de la race anglo-saxonne. Dans le protestantisme, la religion s'annule à force de se démembrer; à force de diviser et subdiviser les sectes, on arrive à former une secte à soi tout seul; à force de retrancher du Symbole un article de foi, on arrive à n'en laisser aucun, et l'on appartient, dit-on, à une Église, on a un culte, lorsque c'est tout juste si l'on croit en Dieu. — Mais, malgré tout cela, rappelons-nous ce qui se passait il y a peu d'années. On inaugurait le chemin de fer du Pacifique, ce trait d'union entre les deux Océans. L'inauguration avait lieu à une des extrémités de la ligne ; à l'autre, une foule nombreuse en attendait la nouvelle et y assistait par la pensée. Tout à coup, au milieu de cette foule affairée et turbulente, le fil électrique lance ce mot : *Nous allons prier;* et toutes les têtes se découvrent et, à travers une distance de plusieurs centaines de lieues, les cœurs s'unissent pour rendre grâces au Seigneur. Pareille chose se fût-elle faite en France?

Je sais aussi ce qu'est l'abaissement de l'Église russe, ce qu'est cette religion qui n'est que l'humble servante du prince et que le prince façonne à son gré. — Mais enfin, une certaine foi demeure au cœur du peuple, ou y demeurait il y a quarante ans. A cette époque, le choléra, inconnu jusque-là, envahissait Pétersbourg. Le peuple, semblable à ce que le peuple est partout, voulait y voir, au lieu d'une calamité, un crime, comme dans les malheurs de la guerre nous voulons toujours voir, au lieu d'une défaite, une trahison. Le peuple de Pétersbourg, comme le fit peu après le peuple de Paris, criait à l'empoisonnement ; et il n'avait pas manqué (cela ne manque jamais) de reconnaître et de signaler des empoisonneurs. Comme il les poursuivait, l'empereur paraît devant la foule : « Ce ne sont pas les hommes, dit-il, qui nous frappent ; c'est Dieu. Élevons à Dieu notre prière. » Et tout le peuple se met à genoux, prie par la bouche de son empereur, s'humilie, se résigne et renonce à verser le sang innocent. Pareille chose se fût-elle faite en France?

Je sais enfin ce qu'il y a d'irréligion systématique, prétentieuse, pédantesque, nébuleuse en Allemagne, et le funeste résultat qu'ont sur l'esprit des peuples les passe-temps scientifiques des docteurs des universités. — Cependant nous avons eu une triste occasion de juger le degré de religion des peuples d'outre-Rhin. Ces vainqueurs que nous détestions, nous donnaient des leçons, non pas seulement de discipline comme soldats, mais comme hommes, de religion. Protestants, ils usurpaient nos églises (violence coupable, mais qui témoignait du moins qu'il leur fallait des églises). Catholiques, ils les remplissaient ; nos pauvres églises, habituellement désertes, que, nous autres vaincus, nous aurions dû remplir pour implorer le secours de Dieu, étaient pleines de nos vainqueurs, à genoux, recueillis, priant, étonnés de notre absence, mais, par suite, moins étonnés de leur victoire. Ils comprenaient en effet et ils disaient assez haut que ce peuple, qui travaille le dimanche et ne prie pas, ne pouvait plus être la grande nation guerrière d'autrefois. Et ils s'en retourneront chez eux, convaincus de pouvoir vaincre, si jamais la lutte devait renaître, cette nation pour laquelle Dieu ne combat plus.

Il faut donc le dire avec douleur. Il y a un stigmate sur notre nation, un stigmate, non pas ineffaçable, grâce à Dieu, mais trop visible. Nous ne sommes pas la nation athée, je me refuse à blasphémer ainsi ma patrie ; mais nous sommes une nation où l'athéisme du petit nombre triomphe, grâce à la torpeur et à l'inertie intellectuelle de la multitude. Il y a vingt ans, il n'en était pas encore ainsi. Le *tout le monde* d'alors, sans être catholique peut-être ni chrétien, croyait encore en Dieu ; le *tout le monde* d'aujourd'hui, c'est-à-dire les meneurs bruyants ou secrets de la multitude, n'y veulent plus croire. Il n'y a pas deux ans, à la veille de cette funeste guerre, Paris en donnait la triste preuve. Alors avaient lieu ces réunions publiques, provoquées par une incroyable aberration du pouvoir ; réunions qui haranguaient mais ne discutaient pas ; car, là comme ailleurs, il fallait être de l'avis de tout le monde. Et, de ce *Credo* obligé, le premier article et le plus généralement imposé à la croyance des fidèles, était la négation de l'Être suprême ; Robespierre eût été chassé de là comme réactionnaire et clérical. Lorsqu'un malencontreux orateur employait, fût-ce par mégarde et sans mauvais dessein, une de ces locutions vulgaires, *grâce à Dieu, s'il plaît à Dieu*, il était rappelé à l'ordre par le président qui l'engageait (lui grand savant qu'il était !) à se servir d'*expressions plus scientifiques*. A plus forte raison, celui qui osait dire ouvertement qu'il croyait en Dieu, était honni, sifflé, jeté à bas de la tribune, mis à la porte, et pas une injure n'était assez forte pour punir une telle inconvenance. Cela se passait en présence d'un commissaire de police, chargé d'épier et d'interdire la moindre attaque contre son dieu le gouvernement, mais qui ne disait mot à ces protestations de l'athéisme, et ne s'imaginait pas que nier l'Auteur de toute puissance et de tout droit pût le moins du monde porter atteinte à la puissance et aux droits de Sa Majesté l'empereur.

Disons-le hardiment et humblement. Cette popularité et cette suprématie intolérante du blasphème, cet athéisme affiché au nom de toute une population et imposé à toute une population par le droit de l'ignorance et de l'audace, tout cela n'était possible que chez nous. Nulle autre époque ne l'eût souffert ; nulle autre nation, schismatique, hérétique, mahométane, païenne, ne l'eût souffert. Savons-nous maintenant pourquoi nous sommes vaincus et vaincus d'une façon si humiliante ? pourquoi ce Paris, théâtre de tels scandales, les a payés si cher, lui, fier et opulent alors, aujourd'hui rouge de sang et de flammes ? Frappons-nous la poitrine, pleurons et pleurons des larmes de sang.

Qui ne comprend en effet que nos malheurs ont été, non-seulement le châtiment providentiel, mais la conséquence naturelle de notre défaillance religieuse ? Tous les sentiments élevés se tiennent dans le cœur de l'homme. Ils ont tous une même source ; lorsque la source est tarie, les canaux bien vite se dessèchent.

Le christianisme, c'est la loi du devoir. Quand le christianisme s'affaiblit, la notion du devoir s'amoindrit. Et si jamais le christianisme et par suite toute la religion devait disparaître de la surface du monde, toute idée de devoir disparaîtrait également. Quoi qu'on en puisse dire en effet, s'il n'y a pas de Dieu, il n'y a pas de loi ; s'il n'y a pas de loi, il n'y a pas de devoir ; bien sot est celui qui pense à rien qu'à lui-même et prend intérêt à la chose d'autrui, même quand on l'appelle la chose publique. Ce magistrat, cette loi, ce gouvernement, pourquoi les respecterais-je ? pourquoi ne les jetterais-je point à bas si je peux le faire et si j'y trouve mon compte ? Si je tue un homme, les gendarmes me puniront ; mais si je suis assez fort, moi peuple, pour tuer tous les gendarmes, qui me punira ?

Le christianisme aussi, c'est l'amour ; l'amour du prochain dérivant de l'amour de Dieu. Mais, si l'amour de Dieu fait défaut, l'amour du prochain ne s'efface-t-il pas ? Comment raisonne l'homme qui n'est plus chrétien au sujet de son prochain plus riche que lui ? « Cet homme est riche, dit-il ; donc il a un intérêt opposé à moi qui suis pauvre, donc il est mon ennemi et je dois être le sien. Il sait, il est vrai, des choses que je ne sais pas ; sa fortune, son éducation, ses relations avec d'autres riches le mettraient à même de me dire la vérité s'il voulait me la dire, de me donner de bons conseils s'il voulait m'en donner. Mais il ne le voudra pas ; il fera ce que je ferais si j'étais à sa place, il me conseillera selon son intérêt, c'est-à-dire contrairement au mien ; il se servira contre moi de sa science et de ses relations ; il me trompera, je dois m'en défier. Je le sais encore, il vient parfois à mon aide ; il me fait du bien à moi ou à d'autres ; il a secouru tel qui était malade, tel autre qui était dans l'embarras. Mais cela, pourquoi? Quel intérêt aurait-il à nous secourir si ce n'est pour nous tromper? — En voilà un autre qui vient je ne sais d'où ; je ne sais qui il est, mais je sais qu'il n'est pas riche. Celui-ci ne me secourra point ; le voulût-il faire, il ne le pourrait pas. Il n'a peut-être pas une aussi grande science que mon riche voisin ; mais, travailleur comme moi, il a le même intérêt que moi, il doit m'aimer. Il me dit qu'il a découvert le secret des riches, il me révèle leurs complots et m'enseigne ce que nous devons faire pour nous en défendre. Il nous demande pour cela quelques sous qui passeront nous ne savons pas bien en quelles mains, mais en de bonnes mains ; qu seront dépensés nous ne savons pas bien comment, mais qui seront dépensés pour notre cause. Croyons-le et donnons-lui notre sou. » Quand le sentiment du devoir, en d'autres termes quand le christianisme manque à un homme, il ne croit plus aux conseils ni aux secours donnés gratis. Aux gens intéressés, le désintéressement est suspect.

Et si l'amour du prochain individu est ainsi remplacé par la défiance et par la haine, l'amour du prochain collectif, le patriotisme restera-t-il bien ardent? Qu'est-ce que le patriotisme en tant qu'il est sérieux et réfléchi, si ce n'est le sentiment du devoir envers une société (qu'on l'appelle nation, cité, corporation, famille) au sein de laquelle Dieu nous a placés; si ce n'est encore l'amour du prochain appliqué plus particulièrement à ceux auxquels un lien particulier nous unit, parents, associés, concitoyens, compatriotes? Le sentiment révolutionnaire a pu s'emparer du patriotisme pour l'exagérer et pour le fausser; il l'a mis en opposition avec les devoirs généraux de l'homme envers tous les hommes ; il en a fait, à la façon païenne, la haine de l'étranger plus que l'amour des siens. Mais c'était là un excès qui ne pouvait longtemps se soutenir, ou pour mieux dire, c'était un mensonge qui devait finir par être percé à jour. Cet amour de la patrie et même cette haine de l'étranger, c'était bien plutôt la haine de certains hommes et de certaines classes. Ne l'avons-nous pas vu, quand nous avons eu le spectacle de cette ardeur révolutionnaire si peu efficace dans la guerre étrangère, si ardente pour la guerre civile (et quelle guerre civile!); Paris défendu si mollement par certains bataillons et plus tard ravagé par eux avec tant de zèle? Non, égoïsme et patriotisme ne vont pas ensemble ; on nous a prêché si longtemps la morale de l'égoïsme que nous ne

sommes plus patriotes. Le patriotisme s'est refroidi dans notre pays
comme tout s'y est refroidi.

En un mot, l'expérience, la triste expérience des derniers jours
confirme trop ce que la raison eût pu annoncer à l'avance. Avec le
sentiment religieux, tous les sentiments désintéressés ont décliné;
sentiment du devoir, esprit public, patriotisme, sentiment de famille, amour mutuel, tout cela chez nous s'est affaibli depuis vingt
ans, depuis cinquante ans, parce que la foi s'est affaiblie.

Il y a même un phénomène qui me frappe. C'est que l'instinct
personnel lui-même, tout en devenant plus ardent, parce qu'il domine l'âme d'une manière plus exclusive, est moins éclairé. Avec
cette défiance excessive d'autrui, cette absence d'esprit public et
de sentiment collectif, on arrive à se faire tort à soi-même. Quelle
est la révolution qui, le lendemain du jour où elle s'est faite,
n'a pas donné des regrets égoïstes à ceux qui l'avaient faite
dans leur égoïsme ou leur folie? Ne comptons pas trop sur *l'intérêt personnel bien entendu* pour sauvegarder la société. L'intérêt
personnel bien entendu est plus rare qu'on ne pense. Les questions
de devoir sont relativement simples; les questions d'intérêt sont
tout autrement compliquées. Expliquez à ce paysan ou à cet ouvrier
non chrétien que, si M. Assy, qu'il ne connaît pas, détrône M. Thiers,
qu'il ne connaît pas davantage, les affaires ne marcheront plus, les
capitaux se resserreront; que lui, ouvrier, aura de moindres salaires, que lui, paysan, vendra plus mal ses denrées. Il fera peut-être
semblant de vous croire; mais le plus souvent il ne vous comprendra
pas ou ne vous croira pas. Et surtout, si M. Assy ou quelque autre
a déjà enrôlé cet homme dans les rets de ses affiliations secrètes, si
on lui a dit à l'oreille que M. Thiers est l'ami des riches et grugera
les pauvres à leur profit, que M. Assy ou tel autre est l'ami du peuple et lui distribuera les biens des riches, il croira, soyez-en sûr, le
meneur sournois qui aura parlé à ses haines et à ses passions cupi-
des, bien plutôt que vous, qui avez cru parler à son vrai, légitime,
respectable intérêt. — Supposez au contraire que ce brave homme
soit quelque peu chrétien : « Mon ami, pourrez-vous lui dire, ni vous
ni moi ne savons ce qui arrivera; mais le plus sûr est de faire en
tout cas notre devoir. Et notre devoir est de respecter l'ordre établi,
de prier Dieu qu'il donne la sagesse à ceux qui nous gouvernent,
mais surtout de nous bien garder de les jeter à bas pour mettre à
leur place, dans le sang et dans les ruines, nous ne savons qui.
C'est là le commandement de Dieu, plus aisé à comprendre que les
articles des journaux, plus sûrs dans la pratique que les ordres de
l'Internationale. » Cet homme me comprendra, parce qu'au lieu de

lui parler affaires et capitaux, choses que moi-même j'entends médiocrement et que lui n'entend pas du tout, je lui parle religion et devoir, choses que nous entendons l'un comme l'autre. Et si, par impossible, il ne me comprenait pas, peut-être encore se laisserait-il persuader par moi, parce qu'il sait que je suis ce qu'il est, c'est-à-dire honnête homme et chrétien.

J'ajoute même que cet homme y verra plus clair par cela seul qu'il est honnête et chrétien. Je suis frappé, en voyant ce qui se passe, de l'aberration étrange de bien des esprits très-attachés certainement à leurs intérêts, et qui cependant servent si mal leurs intérêts — j'entends leurs intérêts personnels, positifs, matériels, pécuniaires, en un mot, ce qu'ils ont de plus cher au monde. — L'esprit est faux chez eux, parce que le cœur est gâté. Ils savent lire et écrire, je le crois ; ils verront assez clair peut-être dans une affaire de détail commerciale ou agricole ; mais dès qu'il s'agit d'une question un peu générale, d'un intérêt un peu politique, quoique en même temps fort personnel, ils n'y entendent plus rien. Ils encouragent l'émeute qui viendra ce soir piller leurs boutiques ; ils applaudissent aux Communeux qui demain arrêteront la vente de leurs denrées. C'est que le bon sens tient de plus près qu'on ne pense au bon cœur, et que le bon sens est meilleur juge que l'esprit. « Jupiter, disaient les païens, ôte le sens à ceux qu'il veut punir. » Encore une fois, donnez-moi un honnête homme et un chrétien, dût-il ne pas savoir lire ; je le tiens pour meilleur politique que tous les orateurs de club, tous les savants de cabaret, et même plus d'un journaliste.

Voilà la clef de l'énigme. C'est cet effacement de l'idée du devoir, de l'amour mutuel, du patriotisme, amené par l'effacement de la foi chrétienne, qui nous a valu tous nos malheurs. Pourquoi avons-nous eu en quatre-vingt-deux ans quatorze révolutions, si ce n'est parce qu'un petit nombre de nous a cru avoir intérêt à les faire, et que le grand nombre n'a pas vu son intérêt à les empêcher ? Pourquoi notre révolution du 4 septembre, qui rendait à peu près impossible la défense contre l'étranger ? Pourquoi cette dernière révolution qui, au moment où nous croyions avoir épuisé le calice de nos amertumes et n'avoir plus qu'à essuyer nos lèvres, a de nouveau rempli le calice, et l'a rempli jusqu'aux bords ? Toujours pour la même raison. Quelques-uns y ont trouvé leur compte ; les autres, jugeant bien ou mal, n'y ont pas trouvé leur intérêt trop compromis, et le tour a été joué. Toujours l'intérêt, bien ou mal entendu, mis à la place du devoir.

Pourquoi enfin ce règne des gens de la Commune prolongé pendant plus de deux mois ; cette popularité, non pas universelle, mais plus

grande que nous ne pensons ; cette popularité (il faut le reconnaître)
que leur chute elle-même n'a pas anéantie, bien qu'aux yeux des
masses ce soit toujours un grand tort que d'avoir été vaincu ? Ces
gens étaient des scélérats et en même temps des hommes médiocres,
bien inférieurs aux hommes de 1793, qui ne furent cependant pas
des hommes de génie ; ils n'avaient pas une idée politique, ni même
ce qu'on appelle une idée sociale ; ils heurtaient tous les sentiments,
menaçaient tous les intérêts, je le sais, et je viens de le dire. Mais
ils avaient cependant un genre d'habileté et de science digne d'eux,
et que je ne leur envie pas : ils connaissaient leur peuple (je ne dis
pas le peuple) mieux que nous ne le connaissons et ne voudrions le
connaître. Ils savaient ce qu'est la nature de ces hommes avec l'aide
desquels on peut opérer un coup de main et l'exploiter quelques jours
durant ; ils savaient tous les vils instincts sur lesquels on peut s'ap-
puyer, tous les sentiments honnêtes que l'on peut heurter sans com-
promettre une popularité de cette sorte. — Ainsi, ils savaient qu'en
fait de pudeur et de sentiments de famille, leur public ne se montre-
rait pas bien chatouilleux. — Ils savaient aussi que le patriotisme et les
sentiments nationaux étaient chez lui en médiocre honneur, et que
cette indifférence, déjà trop marquée, des Français pour le passé était
devenue chez ces Français-là la haine du passé. La colonne pouvait
tomber ; la colonne, il y a vingt ans, était encore de la politique ;
vieillie aujourd'hui, elle n'est plus que de l'histoire, et on se soucie
peu de l'histoire. Pour ce peuple-là, toute destruction est un diver-
tissement, et la gloire convertie en gros sous est un bon calcul. —
Ils savaient enfin ce qu'il faut à ce peuple que je n'appelle pas le
peuple français : — d'abord la satisfaction de ses appétits, autant
qu'elle peut lui être donnée, les trente sous ou davantage par jour,
le vin, l'eau-de-vie et le cabaretier payé avec un bon sur la Commune. — Et quand la satisfaction ne peut être donnée aux appétits,
il faut au moins la satisfaction pour les haines. Pour la haine du prochain d'abord, ce sera l'humiliation, la spoliation, l'appauvrisse-
ment de ceux qu'ils appellent les grands et les riches, c'est-à-dire de
quiconque a un toit, une boutique ou un champ, joints à un peu de
bon sens. Tous les programmes politiques et sociaux, république,
commune, socialisme, communisme, se réduisent à cela, et ne sont
populaires qu'à ce titre. C'est l'abaissement de l'un plutôt que l'élé-
vation de l'autre ; c'est moins le bien-être du pauvre que le *mal-être*
du riche ; les haines passent avant les appétits.

Et surtout, ce qu'il faut à ce peuple-là, et ce que sa Commune a su
lui donner, c'est la satisfaction de sa haine envers Dieu. Ce pouvoir
a été athée plus que nul ne l'avait été, la Terreur de 1793 y com-
prise. Les plus épouvantables dévastateurs dont on ait gardé le sou-

venir, les zélateurs de Jérusalem et les anabaptistes de Munster, croyaient à quelque chose ; Attila se faisait appeler le fléau de Dieu : mais ceux-ci n'ont voulu être que le fléau de Satan. Leur héros a été ce malheureux insensé qui disait : « L'ennemi, c'est le Dieu. » Selon leur horrible mot, « ils avaient biffé Dieu ; » et l'un d'eux, à une femme qui, reconnaissante d'une grâce obtenue, lui disait : « Je prierai Dieu pour vous. — Ne prononcez pas ce mot, dit-il, ou je vous fais arrêter. » Et les églises profanées, l'image du Christ enlevée du chevet des malades, le nom de Dieu interdit dans les écoles, les prêtres emprisonnés, tout un poste de gardes nationaux envoyés à la mort pour avoir protégé une première communion, et enfin les otages, ces victimes choisies à l'avance pour la boucherie au moment suprême, et choisies surtout dans le clergé, ont fait de ce règne de deux mois un blasphème continu et une permanente proclamation d'athéisme. On répondait par là à la pensée de bien des milliers d'hommes à Paris et en France, de plusieurs millions d'hommes en Europe, rangés depuis longtemps sous le drapeau officiellement athée de l'Internationale. C'est la honte, le malheur, l'épouvante du monde moderne, qu'il y ait d'un bout de l'Europe moderne à l'autre trois millions d'hommes au nom desquels on peut dire et qui se réjouissent d'entendre dire : Il n'y a pas de Dieu.

C'est le malheur de toute l'Europe, mais c'est le nôtre surtout. C'est le crime de toute l'Europe, mais c'est encore plus le nôtre, nous devons l'avouer. C'est nous qui, après avoir glorieusement combattu la réforme protestante au seizième siècle, l'avons dépassée au dix-huitième, avons accueilli, développé, propagé l'incrédulité, fille de la réforme, y avons ajouté notre verve moqueuse et le fiel de notre ironie ; c'est nous qui, de ces éléments, avons fait la Révolution française, qui l'avons promenée par toute l'Europe, et, après que l'Europe en a été rassasiée et a fini par la secouer, l'avons gardée soigneusement dans notre sein, afin de voir se renouveler périodiquement les accès de cette fièvre pernicieuse ; c'est nous qui, à côté de la Révolution, avons gardé avec le même soin l'incrédulité, sa mère, sans doute pour que le lait nourricier ne lui manquât pas ; c'est nous qui la proclamions hier et la proclamons encore aujourd'hui dans la presse, dans les clubs, dans les ateliers, dans les chaumières, partout. Aussi est-ce nous, et nous seuls jusqu'ici, qui avons donné l'exemple d'une double révolution accomplie à quatre pas de l'étranger envahisseur et vainqueur, suivie de deux mois de la plus humiliante tyrannie, et terminée par une infernale agonie qui était en même temps une orgie, une orgie d'eau-de-vie, de pétrole et de sang, telle que l'histoire n'en connaît pas de semblable. Voilà ce que nous avons gagné (quand je dis *nous*, j'entends, non toute la nation, mais la partie dominante de la nation) à nous faire les prédicateurs de l'athéisme et les ricaneurs en chef de l'irréligion. Quand l'Europe nous appelle la nation impie, Dieu, qui nous châtie d'une manière plus humiliante que toute autre nation, ne semble-t-il pas de l'avis de l'Europe?

« Vous connaîtrez l'arbre à ses fruits, » nous dit l'Évangile. Est-ce que les fruits de l'arbre ne sont pas assez amers pour que nous soyons dégoûtés de le cultiver? Est-ce que nos tyrans d'hier ont laissé dans leur héritage quelque chose de regrettable, et, en rejetant tout le reste, faudrait-il conserver comme un legs pieux leur passion d'athéisme et d'impiété? Tout ce qui vient de tels hommes est mauvais, tout ce qu'ils ont affirmé doit être renié, tout ce qu'ils ont pratiqué doit être rejeté. Par cela seul qu'ils ont biffé Dieu, écrivons plus clairement que jamais le nom de Dieu. Par cela seul qu'ils ont renié l'Évangile, aimons davantage l'Évangile. Puisqu'ils ont fait des martyrs, baisons les reliques de ces martyrs. Ce ne sont pas les institutions politiques qui nous sauveront; il n'y a ni monarchie ni république qui, livrée à elle-même, avec sa seule force politique, puisse ou contenir de tels ennemis, ou guérir de telles plaies. C'est nous, ce sont nos efforts, ce sont nos prières; en d'autres termes, c'est nous, aidés de Dieu, qui pouvons tout. Un petit fait, qui n'a pas été assez relevé, a bien caractérisé ce qu'étaient les hommes de la Commune; lorsque, sur une de nos places, au lieu de la statue d'un prince qui, après tout, fut le vaillant soldat de la France, ils ont mis la statue de l'insulteur de Jeanne d'Arc, de ce vaniteux courtisan de Berlin qui, écrivant à son maître, signait : *le Prussien Voltaire*. Et ils ont fait cela après la guerre de 1870 et la paix de 1871, ayant toujours les Prussiens à Saint-Denis! Aussi peu patriotes que chrétiens, dans tout le passé de la France ils ne trouvaient à honorer que le nom de Voltaire. Faisons le choix contraire; demandons au passé ce qu'il a eu de glorieux, de généreux, de chrétien. Nous avons joué assez longtemps notre rôle de peuple frondeur, sceptique, destructeur, révolutionnaire. Si nous voulons rendre à notre pays l'honneur, l'indépendance, la dignité, la sécurité, soyons, par le cœur et par la foi, le peuple de Jeanne d'Arc, au lieu d'être, par la négation et par la haine, le peuple de Voltaire.

18 juin 1871,

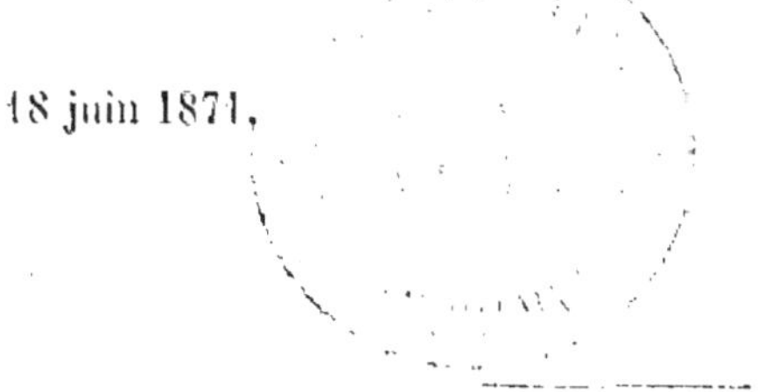

PARIS. — IMP. SIMON RAÇON ET COMP., RUE D'ERFURTH 1.

www.ingramcontent.com/pod-product-compliance
Lightning Source LLC
Chambersburg PA
CBHW051322060726
47596CB00004B/1427